AF284386

Impressum
Verlag: BABADADA GmbH, Nedderfeld 112 , 22529 Hamburg
Geschäftsführer / Verlagsleitung: Harald Hof
Druck: Books on Demand GmbH, In de Tarpen 42, 22848 Norderstedt

Imprint
Publisher: BABADADA GmbH, Nedderfeld 112 , 22529 Hamburg, Germany
Managing Director / Publishing direction: Harald Hof
Print: Books on Demand GmbH, In de Tarpen 42, 22848 Norderstedt, Germany

ysgol

makaranta

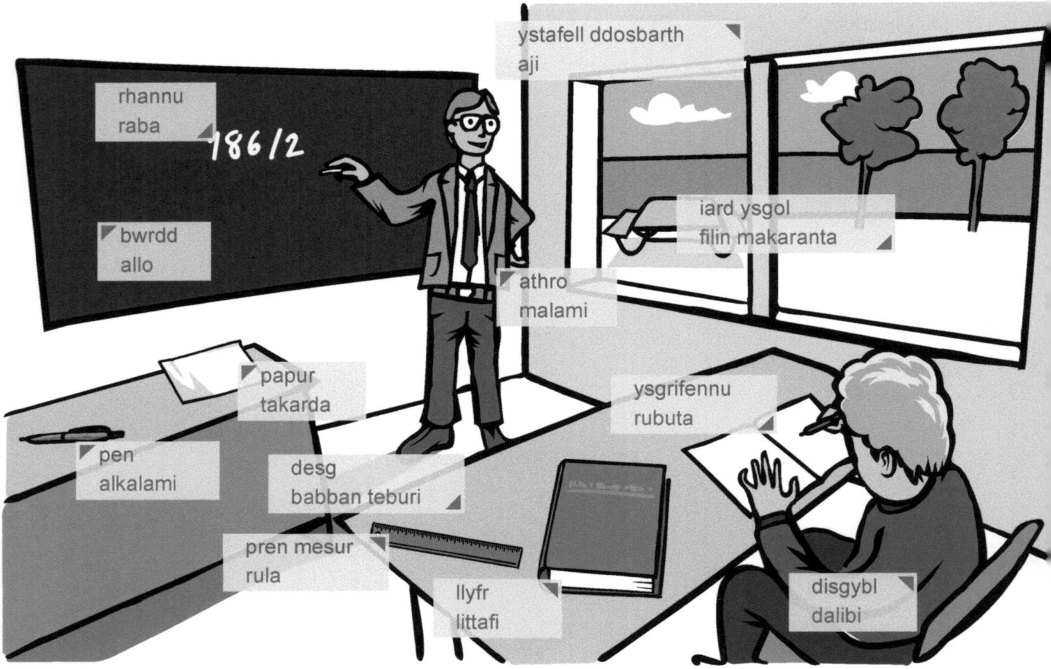
ystafell ddosbarth
aji
rhannu
raba
186/2
bwrdd
allo
iard ysgol
filin makaranta
athro
malami
papur
takarda
ysgrifennu
rubuta
pen
alkalami
desg
babban teburi
pren mesur
rula
llyfr
littafi
disgybl
dalibi

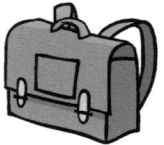

bag ysgol

jakar makaranta

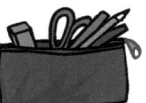

blwch penseli

gidan fensir

pensil

fensir

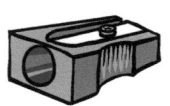

peth rhoi min ar bensil

abin fike fensir

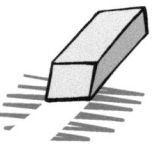

rwber

kilina

pad arlunio

kwalin zane

llun
zane

brws paent
burushin fenti

blwch paent
gwangwanin fenti

siswrn
almakashi

glud
gam

llyfr ysgrifennu
littafi aiki

gwaith cartref
aikin gida

12

rhif
lamba

2+2

ychwanegu
kara

5-2

tynnu
debe

2×2

lluosi
yi sau

cyfrifo
kwakuleta

A

llythyren
wasika

ABCDEFG
HIJKLMN
OPQRSTU
VWXYZ

gwyddor
harafi

hello

gair
kalma

testun

rubutu

darllen

karanta

sialc

alli

gwers

darasi

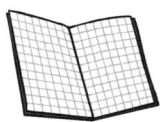

cofrestr

rijista

arholiad

jarabawa

tystysgrif

satifiket

gwisg ysgol

kayan makaranta

addysg

ilimi

gwyddoniadur

kundin ilimi

prifysgol

jami'a

microsgop

madubin kimiyya

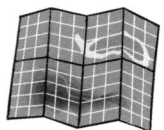

map

taswira

basged papur gwastraff

kwandon shara

teithio
bulaguro

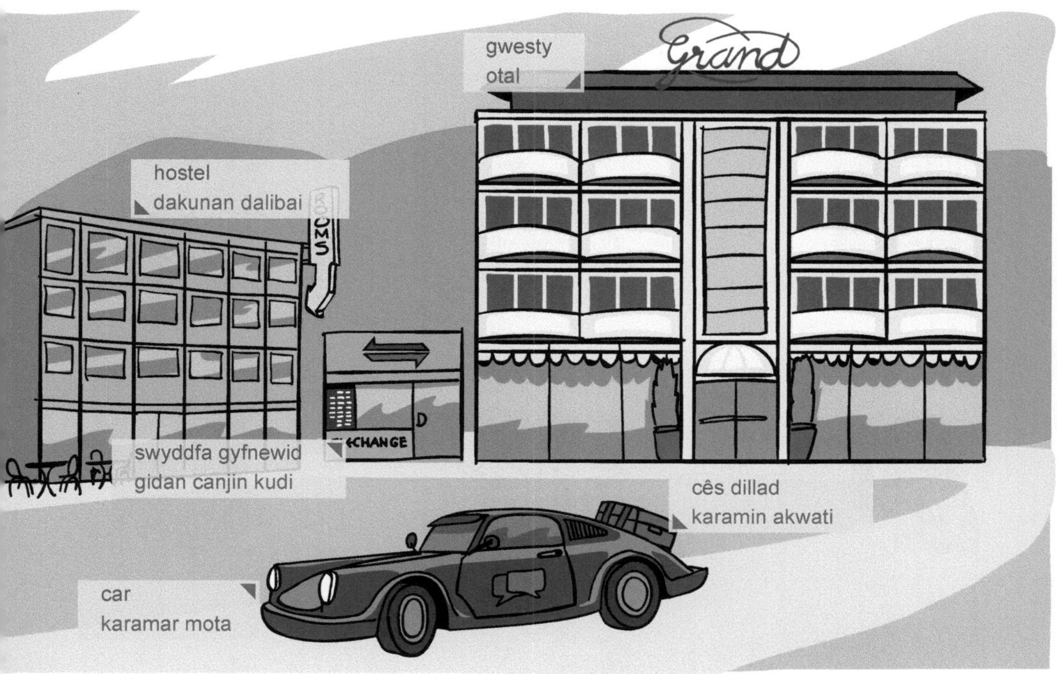
gwesty
otal
Grand
hostel
dakunan dalibai
ROOMS
swyddfa gyfnewid
gidan canjin kudi
EXCHANGE
cês dillad
karamin akwati
car
karamar mota

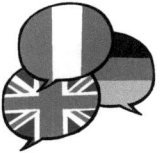

iaith
yare

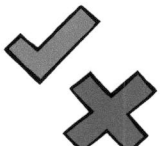

ie / na
e/a'a

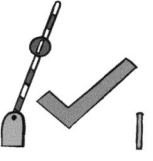

iawn
Ya yi

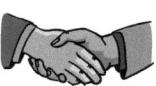

helo
barka dai

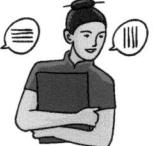

cyfieithydd
mai fassara

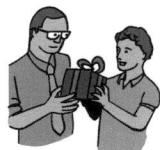

Diolch yn fawr
Na gode

faint yw ...?

nawa ne...?

Dw i ddim yn deall

ban gane ba

problem

matsala

Noswaith dda!

Barka da yamma!

Bore da!

Ina kwana!

Nos da!

barka da dare!

hwyl

sai an jima

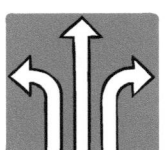

cyfarwyddyd

alkibla

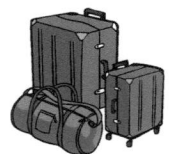

bagiau

kaya

bag

jaka

gwarbac

jakar goyawa

gwestai

bako

ystafell

daki

sach gysgu

jakar barci

pabell

tanti

gwybodaeth i ymwelwyr
bayanin dan yawon bude-
ido

traeth
bakin ruwa

cerdyn credyd
katin banki

brecwast
karin kumallo

cinio
abincin rana

swper
abincin dare

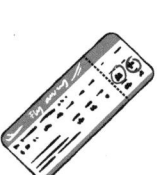

tocyn
tikiti

lifft
daga

stamp
hatimi

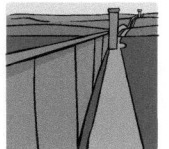

ffin
iyaka

tollau
kudin fiton kaya

llysgenhadaeth
ofishin jakadanci

fisa
biza

pasbort
fasfo

cludiant

abin hawa

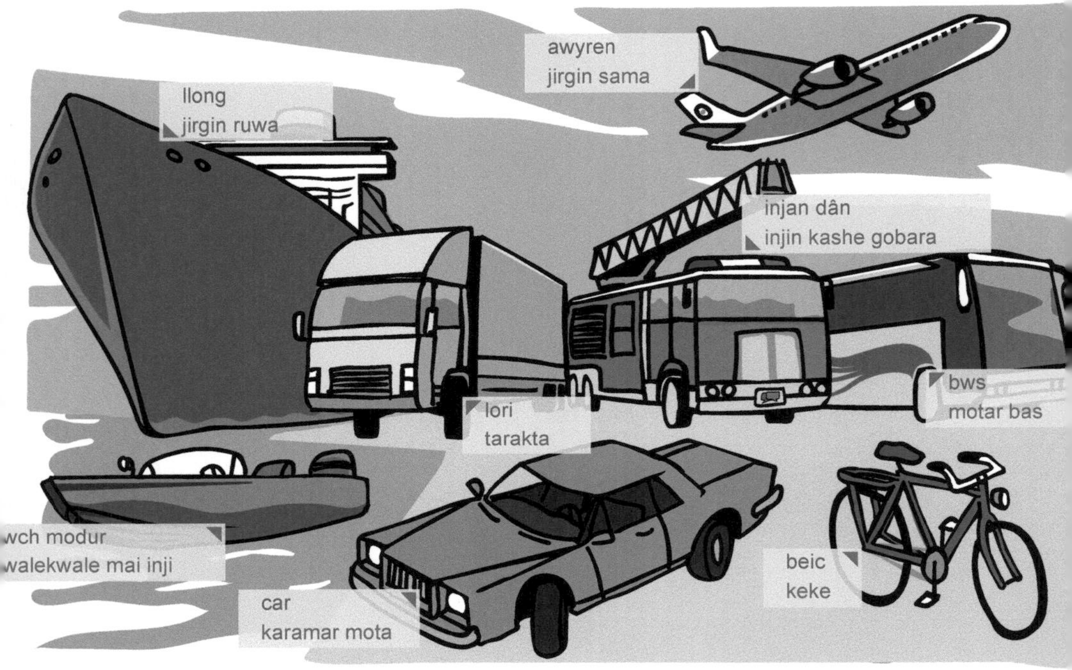

awyren
jirgin sama
llong
jirgin ruwa
injan dân
injin kashe gobara
bws
motar bas
lori
tarakta
wch modur
walekwale mai inji
beic
keke
car
karamar mota

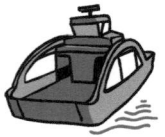

fferi

karamin jirgin ruwa

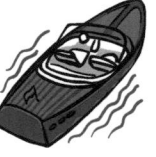

cwch

kwalekwale

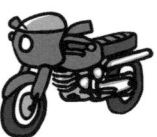

beic modur

babur

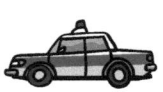

car yr heddlu

motar 'yansanda

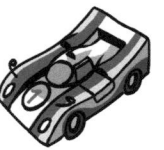

car rasio

motar tsere

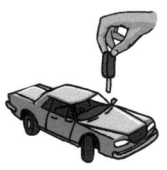

car wedi'i rentu

motar haya

rhannu car

tarayyar karamar mota

lori tynnu

babbar mota da ta lalace

lori ysbwriel

motar shara

modur

mota

tanwydd

mai

gorsaf betrol

gidan mai

arwydd traffig

alamar titi

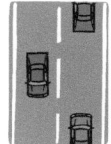

traffig

zirga-zirga

tagfa draffig

cunkoson ababen hawa

maes parcio

wurin ajiye mota

gorsaf drennau

tashar jirgin kasa

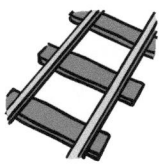

traciau

filin tsere

trên

jirgin kasa

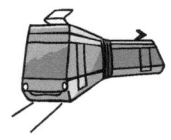

tram

jirgin kasa mai kyabil

wagen

keken doki

hofrennydd
helikwafta

maes awyr
filin jirgin sama

twr
hasumiya

teithiwr
fasinja

cynhwysydd
mazubi

paced
kwali

cert
amalanke

basged
kwando

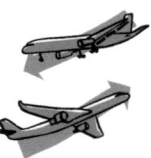

esgyn / glanio
tashi / sauka

dinas
birni

pentref
kauye

canol y ddinas
tsakiyar birni

tŷ
gida

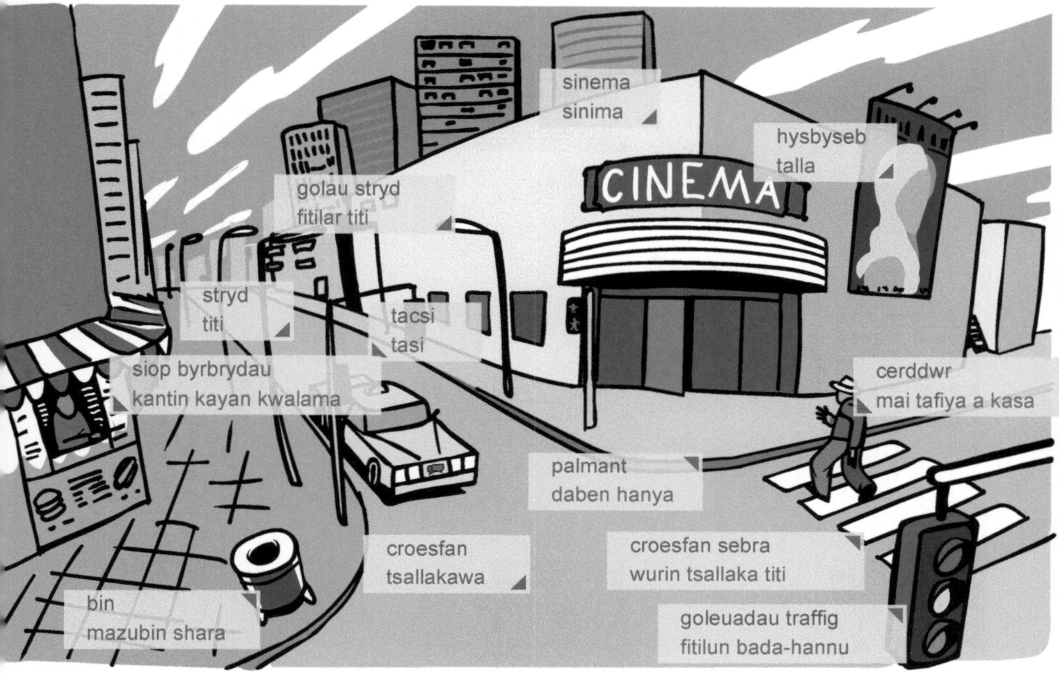

sinema
sinima
hysbyseb
talla
CINEMA
golau stryd
fitilar titi
stryd
titi
tacsi
tasi
siop byrbrydau
kantin kayan kwalama
cerddwr
mai tafiya a kasa
palmant
daben hanya
croesfan
tsallakawa
croesfan sebra
wurin tsallaka titi
bin
mazubin shara
goleuadau traffig
fitilun bada-hannu

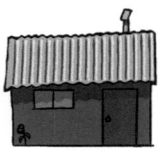

cwt

bukka

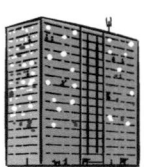

fflat

shafaffe

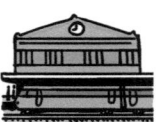

gorsaf drennau

tashar jirgin kasa

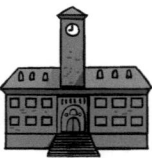

neuadd y dref

dakin taro

MUSEUM

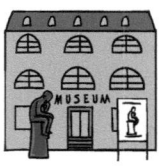

amgueddfa

gidan kayan tarihi

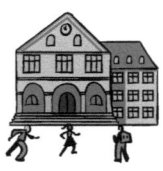

ysgol

makaranta

prifysgol

jami'a

banc

banki

ysbyty

asibiti

gwesty

otal

fferyllfa

kantin magani

swyddfa

ofis

siop lyfrau

kantin littattafai

siop

kanti

siop flodau

mai sayar da furanni

archfarchnad

babban kanti

farchnad

kasuwa

siop adrannol

kanti mai sassa

siop bysgod

shagon sayar da kifi

canolfan siopa

wurin sayayya

harbwr

matsayar jiragen ruwa

parc
ma'ajiyar motoci

banc
benci

pont
gada

grisiau
kafar bene

rheilffordd danddaearol
karkashin kasa

twnnel
ramin karkashin kasa

safle bws
matsayar bas

bar
mashaya

bwyty
gidan abinci

blwch post
akwatin sakonni

arwydd stryd
alamar titi

mesurydd parcio
mitar ajiye motoci

sŵ
gidan namun daji

pwll nofio
kwamin iyo

mosg
masallaci

 fferm
gona

llygredd
gurbata

mynwent
makabarta

eglwys
coci

maes chwarae
filin wasanni

teml
dakin bauta

tirwedd
fadin kasa

deilen
ganye

arwydd cyfeirio
turken alama

ffordd
hanya

dôl
makiyaya

carreg
dutse

heiciwr
mai tattaki

coeden
bishiya

afon
korama

glaswellt
ciyawa

blodyn
fure

cwm

kwazazzabo

bryn

tudu

llyn

tafki

coedwig

daji

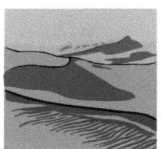

anialwch

hamada

llosgfynydd

amon dutse

castell

fada

enfys

bakan-gizo

madarchen

malafar jaki

palmwydden

bishiyar kwakwar manja

mosgito

sauro

pryf

kuda

morgrugyn

tururuwa

gwenyn

zuma

pryf copyn

gizo

chwilen

burgunguma

llyffant

kwado

gwiwer

kurege

draenog

bushiya

ysgyfarnog

zomo

tylluan

mujiya

aderyn

tsuntsu

alarch

agwagwar ruwa

baedd

aladen daji

carw

namijin barewa

elc

kanki

argae

dam

tyrbin gwynt

lantarki mai iska

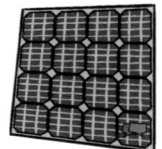

panel haul

farantin hasken rana

hinsawdd

yanayi

bwyty
gidan abinci

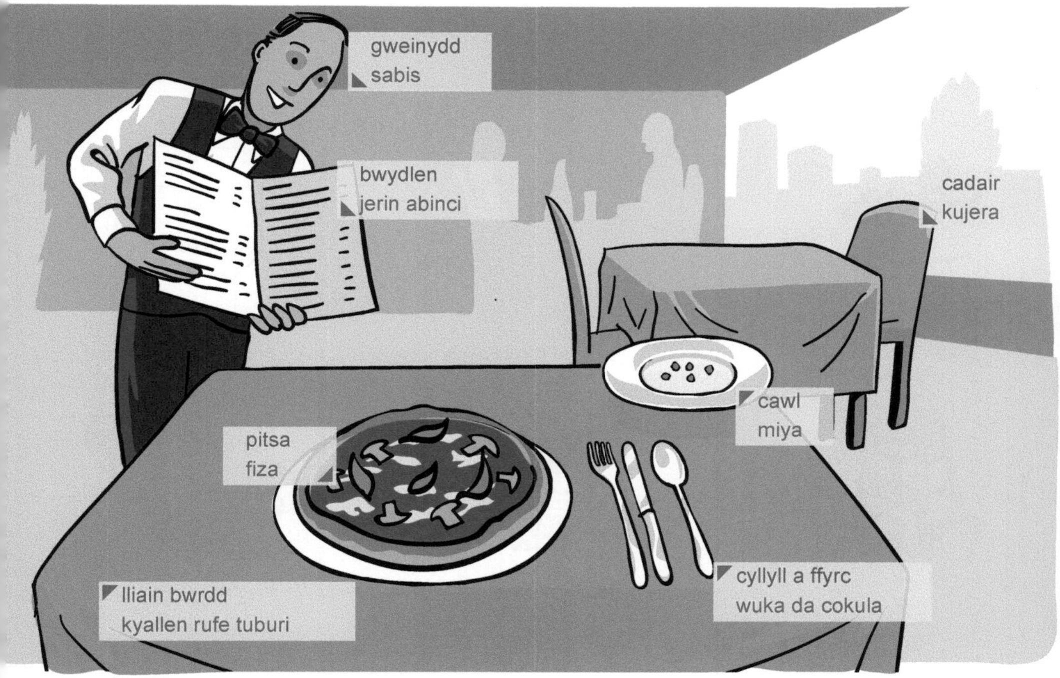
gweinydd
sabis
bwydlen
jerin abinci
cadair
kujera
cawl
miya
pitsa
fiza
lliain bwrdd
kyallen rufe tuburi
cyllyll a ffyrc
wuka da cokula

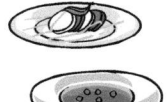

cwrs cyntaf
makunni

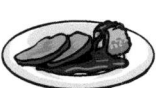

prif gwrs
babban abinci

pwdin
kayan zaki

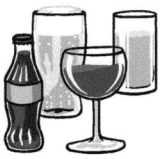

diodydd
kayan sha

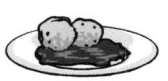

bwyd
abinci

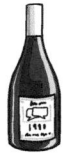

potel
kwalba

bwyd cyflym

abincin tafi-da-gidanka

bwyd y stryd

abincin titi

tebot

tukunyar shayi

powlen siwgr

kwanon sikari

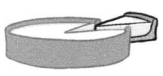

dogn

gutsire

peiriant espresso

injin hada kofi

cadair plentyn

kujera mai tudu

bil

doka

hambwrdd

tire

cyllell

wuka

fforc

cokali mai yatsu

llwy

cokali

llwy de

cokalin shayi

napcyn

kyallen cin abinci

gwydr

gilashi

plât
faranti

plât cawl
farantin miya

soser
farantin kofi

saws
hadin dandano

pot halen
mazubin gishiri

melin bupur
abin nikan yaji

finegr
lamurje

olew
mai

sbeisys
kayan dandano

saws coch
miyar tumatir

mwstard
mustad

mayonnaise
mayonnaise

archfarchnad
babban kanti

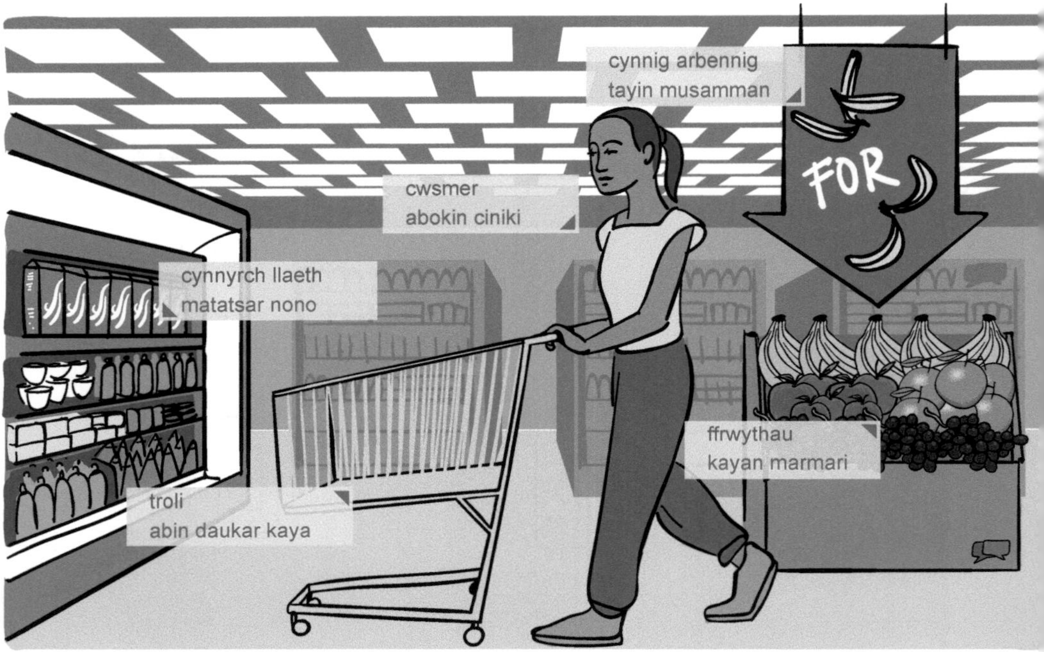
cynnig arbennig
tayin musamman
FOR
cwsmer
abokin ciniki
cynnyrch llaeth
matatsar nono
ffrwythau
kayan marmari
troli
abin daukar kaya

BUTCHERS

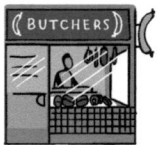

siop gig

na mahauci

BAKERY

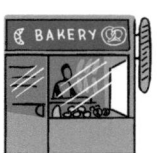

siop fara

shagon mai burodi

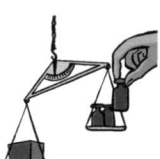

pwyso

auna nauyi

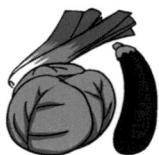

llysiau

kayan lambu

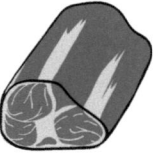

cig

nama

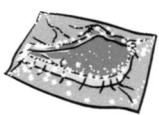

Bwyd wedi'i rewi

darkararren abinci

cig oer

nama mai sanyi

bwyd tun

abincin gwangwani

powdr golchi

garin sabulun wanki

da-da

alewa

cynnyrch cartref

kayan amfanin gida

cynhyrchion glanhau

kayan tsafta

gwerthwraig

mai sayarwa

til

haro

ariannwr

mai biyan kudi

rhestr siopa

jerin kayan sayayya

oriau agor

sa'o'in budewa

waled

alabe

cerdyn credyd

katin banki

bag

jaka

bag plastig

jakar roba

dŵr

ruwa

sudd

ruwan 'ya'yan itace

llefrith

madara

côc

coke

gwin

barasa

cwrw

giya

alcohol

barasa

coco

koko

te

shayi

coffi

kofi

espresso

bakin kofi

cappuccino

kofi mai madara

ffrwchledd
....
ayaba

afal
....
tufa

oren
....
lemon zaki

melon
....
kankana

lemwn
....
lemon tsami

moronen
....
karas

garlleg
....
tafarnuwa

bambŵ
....
gora

nionyn
....
albasa

madarchen
....
kunnen-jaki

cnau
....
dangin gyada

nwdls
....
dangin taliya

sbageti

sufageti

reis

shinkafa

salad

man salak

sglodion

sala-sala

tatws wedi'u ffrïo

soyayyen dankali

pitsa

fiza

hambyrger

hambaga

brechdan

sanwich

cytled

kwan nama

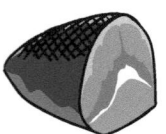

ham

naman alade

salami

salami

selsig

kilishin turawa

cyw iâr

kaza

rhost

gashi

pysgodyn

kifi

ceirch uwd

kamun oats

miwsli

muesli

creision ŷd

kwamfiles

blawd

fulawa

croissant

fanke

bynsen

yankan burodi

bara

burodi

tost

gashi

bisgedi

biskit

menyn

bota

ceuled

man shanu

teisen

kek

wy

kwai

wy wedi'i ffrïo

soyayyen kwai

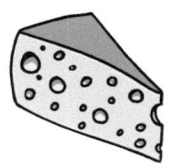

caws

cuku

hufen iâ

askirim

siwgr

sikari

mêl

zuma

jam

jam

siocled taenu

cakuletin shafawa

cyri

kori

fferm

gona

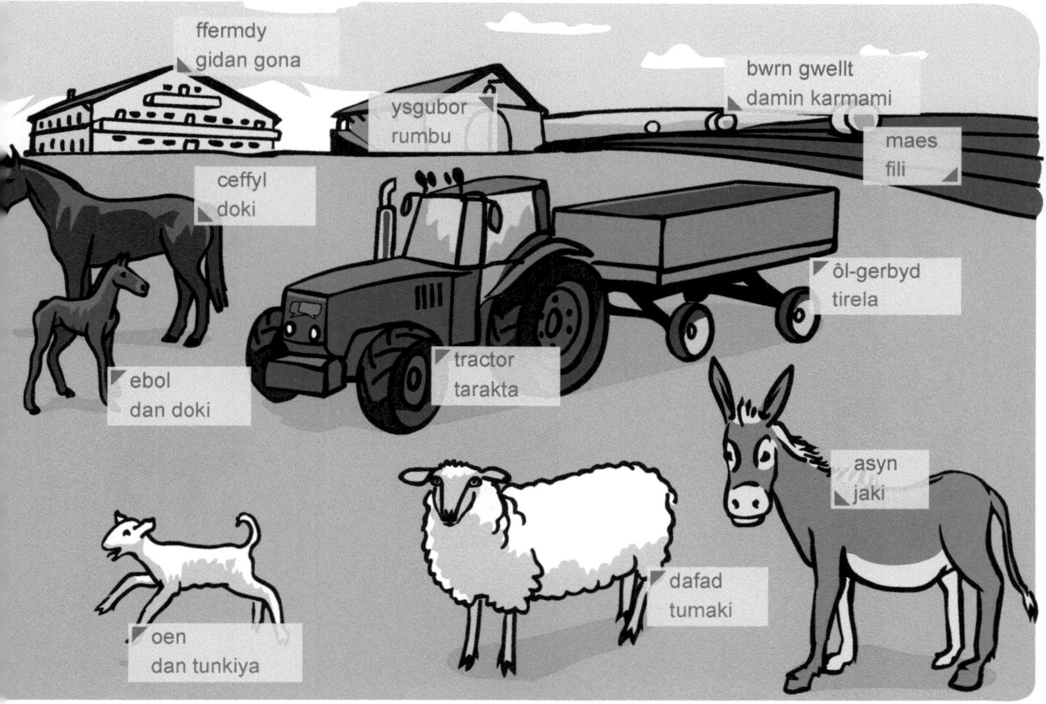
ffermdy
gidan gona
ysgubor
rumbu
bwrn gwellt
damin karmami
maes
fili
ceffyl
doki
ôl-gerbyd
tirela
tractor
tarakta
ebol
dan doki
asyn
jaki
dafad
tumaki
oen
dan tunkiya

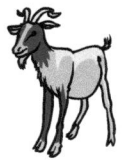

gafr

akuya

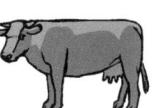

buwch

saniya

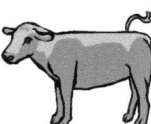

llo

maraki

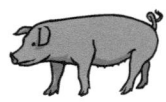

mochyn

alade

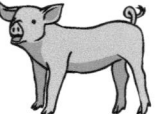

porchell

dan alade

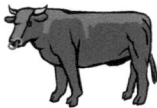

tarw

bajimi

gwydd

dinya

hwyaden

agwagwa

cyw

dan tsako

iâr

kaza

ceiliog

zakara

llygoden fawr

bera

cath

kyanwa

llygoden

bera

ych

takarkari

ci

kare

cwt ci

dakin kare

pibell ddŵr

bututun lambu

can dŵr

bokitin ban-ruwa

pladur

ashasha

aradr

garma

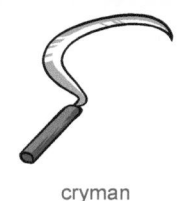

cryman

lauje

fforch chwynu

fartanya

picwarch

cebur mai yatsu

bwyell

gatari

berfa

wilbaro

cafn

mazubin abincin dabbobi

tun llefrith

gwangwanin madara

sach

buhu

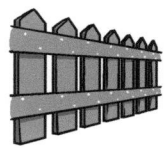

ffens

shinge

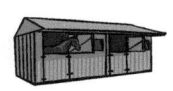

stabl

barga

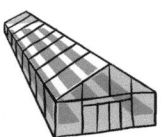

tŷ gwydr

koren-gida

pridd

rairai

hedyn

iri

gwrtaith

taki

dyrnwr medi

injin girbi da sussuka

cynaeafu
girbe

cynhaeaf
girbi

iamau
doya

gwenith
alkama

soi
waken soya

tysen
dankali

grawn
dawa

had rêp
furen mai

coeden ffrwythau
bishiyar kayan marmari

manioc
rogo

grawnfwydydd
hatsi

simnai
bututun hayaki

to
rufin daki

peipen law
bututun magudana

ffenestr
taga

garej
gareji

cloch y drws
kararrawar kofa

drws
kofa

bin sbwriel
kwandon shara

blwch post
akwatin wasiku

gardd
lambu

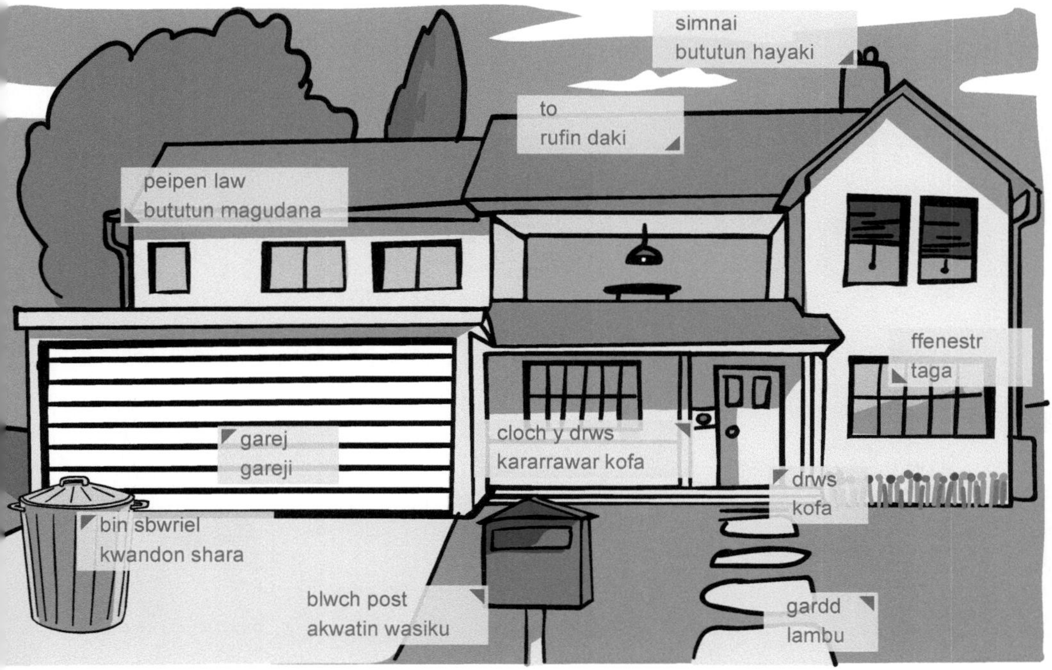

lolfa
falo

ystafell ymolchi
dakin wanka

cegin
kicin

ystafell wely
dakin kwana

ystafell plentyn
dakin yaro

ystafell fwyta
dakin cin abinci

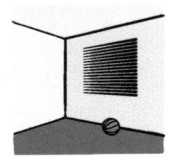

llawr

dabe

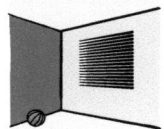

wal

bango

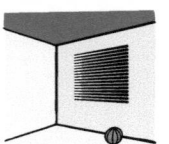

nenfwd

sili

seler

dakin karkashin kasa

sawna

wurin wankan dumi

balconi

barandar bene

teras

baranda

pwll

gulbin ninkaya

peiriant torri gwair

injin yanke ciyawa

taflen

kwano

gorchudd gwely

zanen gado

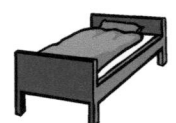

gwely

gado

ysgub

tsintsiya

bwced

bokiti

swits

makunni

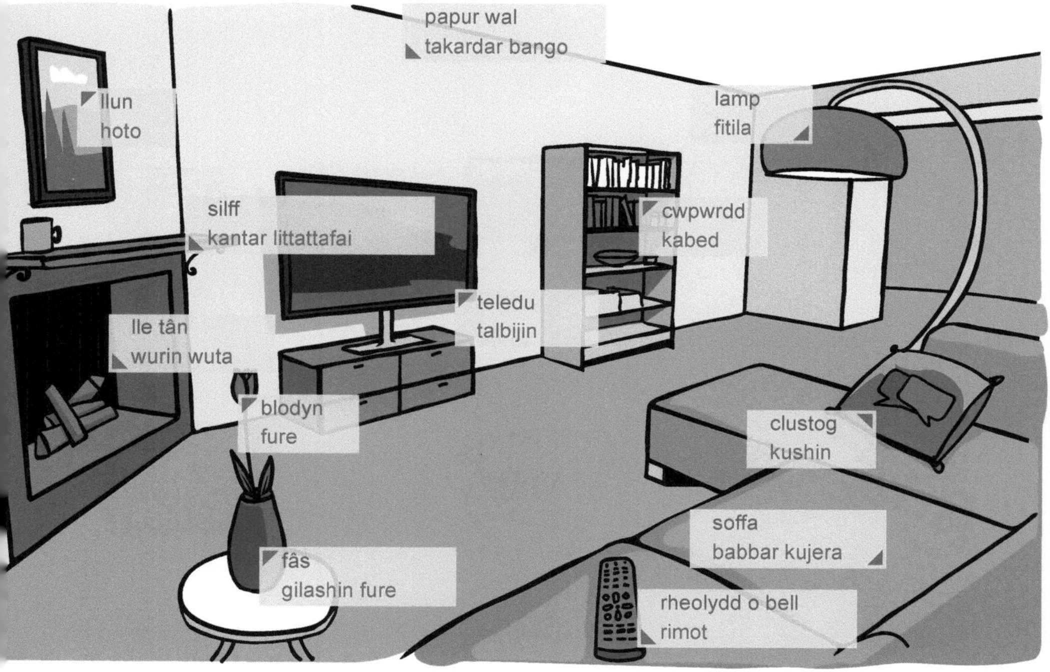

papur wal
takardar bango

llun
hoto

lamp
fitila

silff
kantar littattafai

cwpwrdd
kabed

teledu
talbijin

lle tân
wurin wuta

blodyn
fure

clustog
kushin

soffa
babbar kujera

fâs
gilashin fure

rheolydd o bell
rimot

carped

darduma

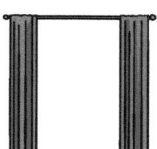

llen

labule

bwrdd

teburi

cadair

kujera

cadair siglo

kujera mai shillo

cadair freichiau

kujera mai hannu

llyfr

littafi

blanced

bargo

addurn

kwalliya

coed tân

itacen girki

ffilm

fim

hi-fi

kayan hi-fi

agoriad

makulli

papur newydd

jarida

darlun

zanen fenti

poster

fasta

radio

rediyo

llyfr nodiadau

takardar rubutu

hwfer

na'urar share darduma

cactws

murtsunguwa

cannwyll

kyandir

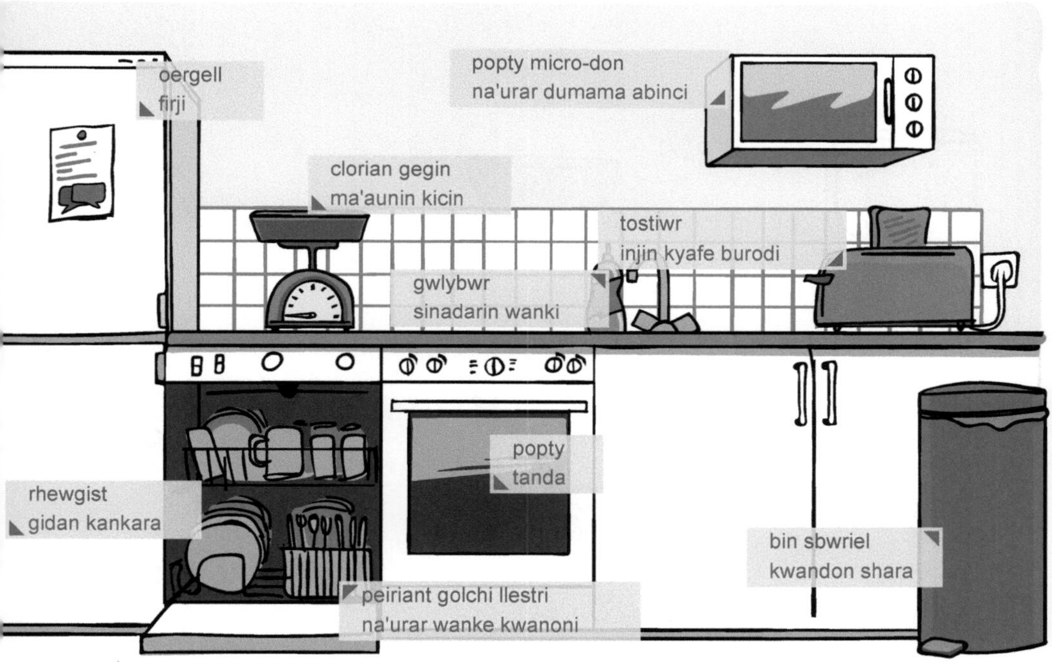

oergell
firji

popty micro-don
na'urar dumama abinci

clorian gegin
ma'aunin kicin

tostiwr
injin kyafe burodi

gwlybwr
sinadarin wanki

rhewgist
gidan kankara

popty
tanda

bin sbwriel
kwandon shara

peiriant golchi llestri
na'urar wanke kwanoni

popty

cooker

pot

tukunya

pot haearn bwrw

tukunyar alminiyum

wok / kadai

kwanon suya

padell

kwanan suya

tegell

buta

sosban stemio

tukunyar dumi

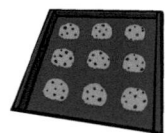

hambwrdd pobi

kwanan gashi

llestri

kayan tangaran

mwg

tambulan

powlen

kwano

gweill bwyta

tsinkayen cin abinci

lletwad

ludayi

ysbodol

ludayin suya

chwisg

makadin kwai

hidlydd

rariya

gogr

mataci

gratiwr

na'urar nika

morter

turmi

barbeciw

balangu

tân agored

wutar sarari

cegin - kicin

bwrdd torri cig

katakon yanke-yanke

rholbren

katakon murji

tynnwr corcyn

mabudin kwalba

tun

gwangwani

peth agor tuniau

mabudin gwangwani

clwt pot

hannun tukunya

sinc

wurin wanke-wanke

brws

burushi

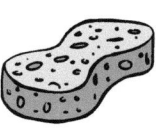

sbwng

soso

peiriant cymysgu

bilenda

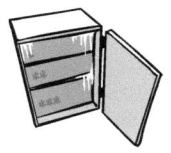

rhewgell

babban gidan kankara

potel babi

bulumboti

tap

famfo

cegin - kicin

ystafell ymolchi
dakin wanka

gwres
bada dumi
cawod
shaya
tywel
tawul
llen gawod
labulen wanka
baddon ewyn
wankan kumfa
baddon
kwamin wanka
gwydr
gilashi
peiriant golchi
injin wanki
tap
famfo
teils
tayil
potyn
fo
sinc
wurin wanke-wanke

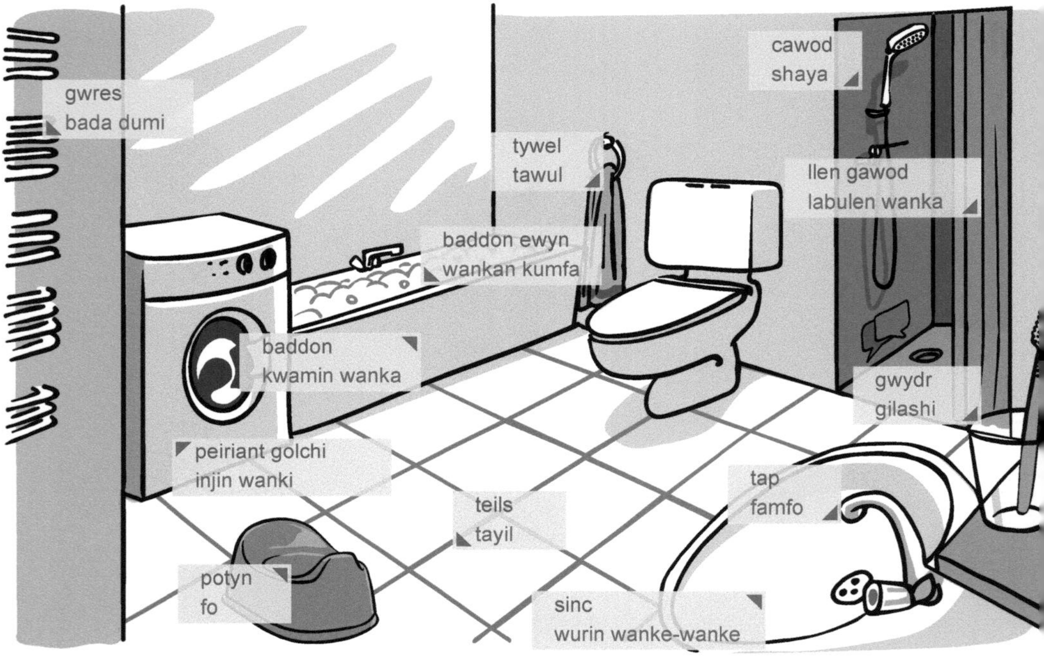

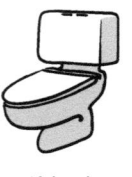

tŷ bach

bandaki

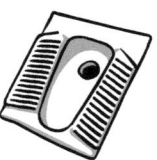

toiled cyrcydu

bandakin tsuguno

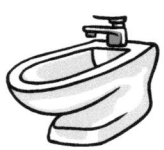

bidet

kwamin tsarki

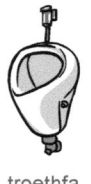

troethfa

wurin fitsari

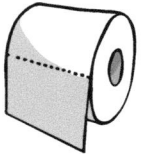

papur tŷ bach

takardar bandaki

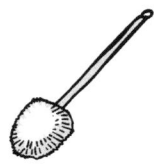

brws tŷ bach

burushin bandaki

brws dannedd

burushin hakori

past dannedd

man hakori

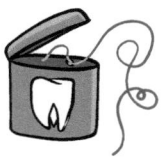

edau ddannedd

zaren sakace

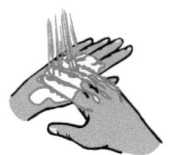

golchi

wanke

cawod llaw

shayar hannu

golchfa

wankin farji

basn

kwamin wanke hannu

brws-ôl

burushin wanke baya

sebon

sabulu

gel cawod

ruwan sabulun wanka

siampŵ

man gyaran gashi

gwlanen

tsumman wanka

ffos

lambatu

hufen

kirim

diaroglydd

turaren kamshi

drych
....
madubi

drych llaw
....
madubin hannu

rasel
....
reza

ewyn eillio
....
man yaran fuska

sent eillio
....
man aski

crib
....
mataji

brws
....
burushi

sychwr gwallt
....
na'urar busar da gashi

chwistrell gwallt
....
man gashi

colur
....
kwalliya

minlliw
....
jan-baki

farnais ewinedd
....
man farce

gwlân cotwm
....
audugar goge kunne

siswrn ewinedd
....
almakashin yankan farce

persawr
....
turare

bag ymolchi

jakar wanka

stôl

bahaya

clorian

ma'aunin nauyi

gŵn baddon

rigar wanka

menig rwber

safar roba

tampon

audugar haila

tywel misglwyf

audugar mata

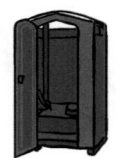

toiled cemegol

bandakin tafi-da-gidanka

ystafell plentyn
dakin yaro

cloc larwm
agogo mai kararrawa
tegan anwes
yartsanar tsumma
car tegan
motar wasan yara
cleciwr
kara
tŷ dol
gidan 'yartsana
anrheg
kyauta

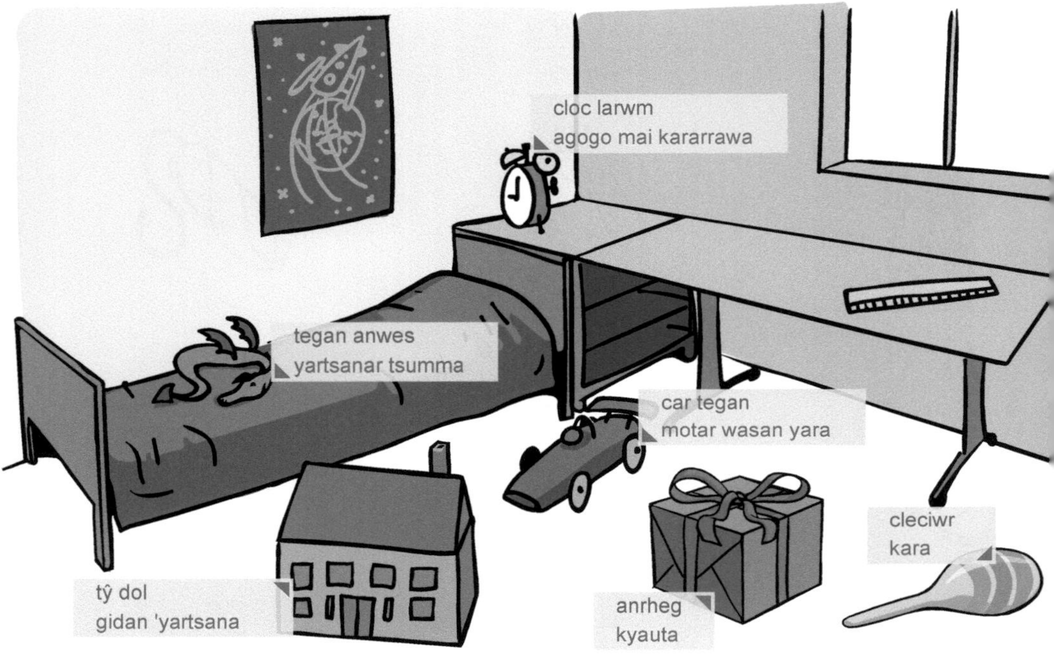

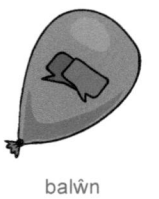

balŵn

balo

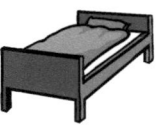

gwely

gado

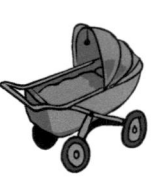

pram

keken jarirai

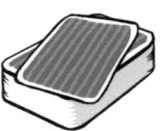

pecyn o gardiau

benen kwalaye

jig-so

wasa kwakwalwa

SUPER
MEGA

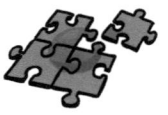

comic

ban dariya

brics Lego
tubalan roba

blociau adeiladu
tubalan gini

ffigur gweithredu
mutum-mai-aiki

babygro
rigar jariri

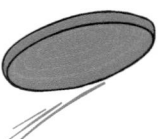

ffrisbi
Dokin iska

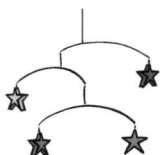

ffôn symudol
tafi-da-gidanka

gêm fwrdd
wasan dara

deis
dan ludo

set model trên
zubin kwatancin jirgin kasa

teth lwgu
mutum-mutumi

parti
walima

llyfr lluniau
littafi mai hotuna

pêl
kwallo

dol
yartsana

chwarae
yi wasa

pwll tywod

akwatin yashi

swing

lilo

teganau

kayan wasan yara

consol gemau fideo

allon wasannin bidiyo

beic tair olwyn

babur mai taya uku

tedi

yartsanar tsumma

cwpwrdd dillad

wadirob

dillad

tufafi

hosanau

safa

hosanau

sitokins

teits

matse-jiki

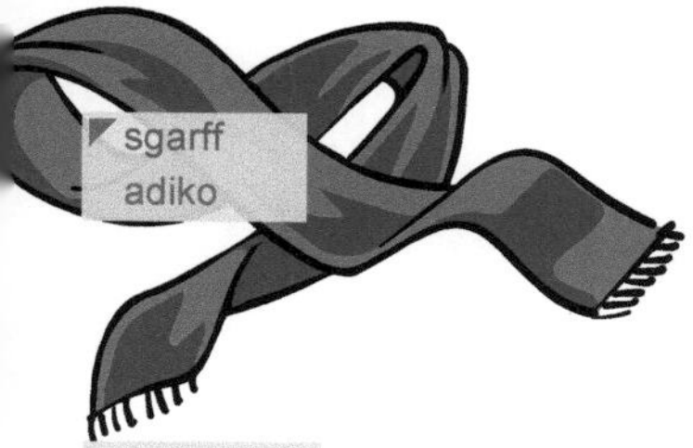

sgarff
adiko

ymbarél
lema

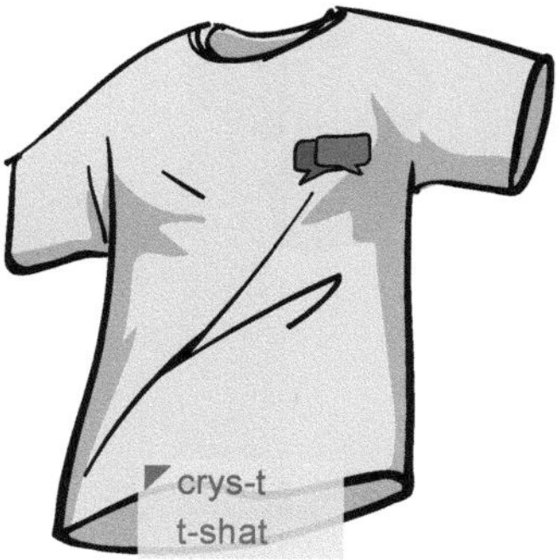

crys-t
t-shat

gwregys
belet

esidiau ymarfer
takalman wasa

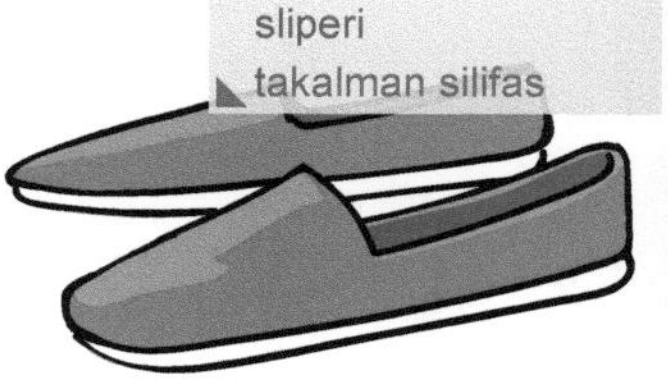

esgidiau
takalman aiki

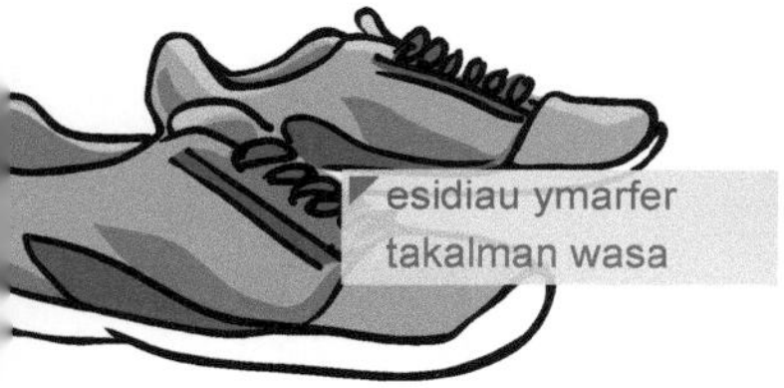

sliperi
takalman silifas

sandalau

takalman sandal

esgidiau

takalma

esgidiau rwber

takalman roba

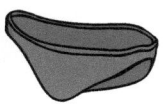

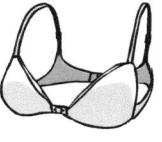

trôns

kamfai

bra

rigar nono

fest

falmaran

corff

jiki

trowsus

wando

jîns

jeans

sgert

dantofi

blows

rigar mata

crys

karamar riga

pwlofer

riga mai hula

hwdi

hular riga

blaser

bileza

siaced

jaket

côt

kwat

côt law

rigar ruwa

gwisg

kayan yayi

gŵn

kayan sawa

gwisg briodas

rigar aure

siwt

kwat da wando

gŵn nos

rigar dare

pyjamas

kayan barci

sari

sari

sgarff pen

dankwali

tyrban

rawani

bwrca

hijabi

cafftan

kaftani

abaya

abaya

gwisg nofio

rigar iyo

trowsus nofio

wandon wasa

siorts

gajeran wando

tracwisg

kayan wasanni

ffedog

kyallen aiki

menig

safar hannu

botwm

maballi

sbectol

tabarau

breichled

awarwaro

cadwyn

tsakiya

modrwy

zobe

clustdlws

dan kunne

cap

hula

cambren

maratayin kwat

het

malafa

tei

lakataya

sip

zi

helmed

hular kwano

fframiau danedd

masu daidaita hakori

gwisg ysgol

kayan makaranta

gwisg

yunifom

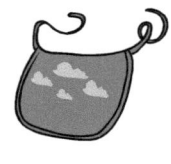

bib

kyallen cin abincin jariri

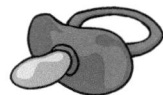

teth lwgu

mutum-mutumi

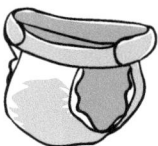

cewyn

kunzugu

swyddfa

ofis

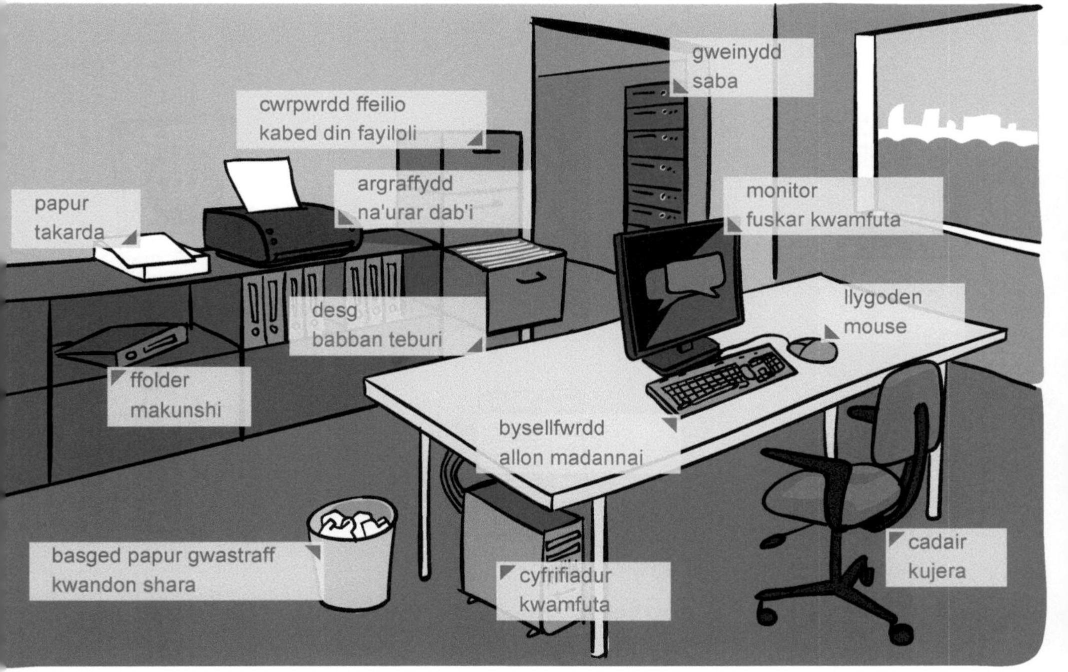

gweinydd
saba
cwrpwrdd ffeilio
kabed din fayiloli
argraffydd
na'urar dab'i
papur
takarda
monitor
fuskar kwamfuta
llygoden
mouse
desg
babban teburi
ffolder
makunshi
bysellfwrdd
allon madannai
basged papur gwastraff
kwandon shara
cyfrifiadur
kwamfuta
cadair
kujera

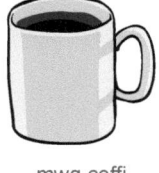

mwg coffi

tambulan kofi

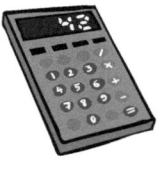

cyfrifiannell

kwakuleta

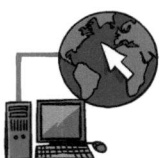

rhyngrwyd

intanet

gliniadur

laptop

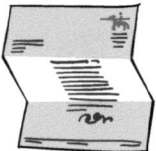

llythyr

wasika

neges

sako

ffôn symudol

tafi-da-gidanka

rhwydwaith

sadarwa

llungopïwr

na'urar hoton takarda

meddalwedd

kwakwalwar kwamfuta

teleffon

tarho

soced plwg

jona soket

peiriant ffacs

na'urar faks

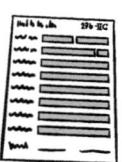

ffurflen

fom

dogfen

daftari

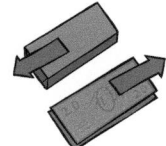

prynu

sayi

talu

biya

masnachu

yi ciniki

arian

kudi

 **USD**

doler

dala

 **EUR**

ewro

euro

JPY

yen

yen

RUB

rwbl

robul

CHF

ffranc y Swistir

franc na Swiss

CNY

yuan renminbi

renminbi yuan

INR

rwpi

rupee

peiriant arian

injin bada kudi

swyddfa gyfnewid

gidan canjin kudi

aur

zinare

arian

azurfa

olew

mai

ynni

makamashi

pris

farashi

contract

matuntuba

treth

haraji

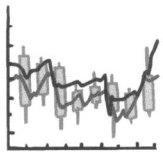

stoc

kaya

gweithio

yi aiki

cyflogai

ma'aikaci

cyflogwr

mai daukar ma'aikata

ffatri

masana'anta

siop

kanti

swyddi
sana'o'i

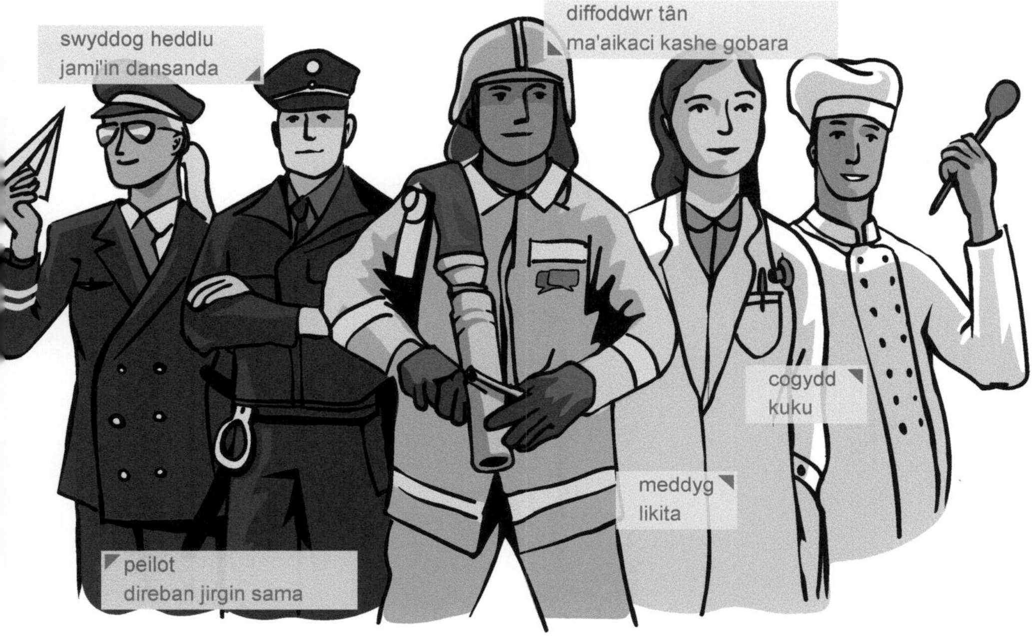

swyddog heddlu
jami'in dansanda
diffoddwr tân
ma'aikaci kashe gobara
cogydd
kuku
meddyg
likita
peilot
direban jirgin sama

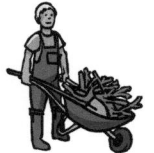

garddwr

mai aikin lambu

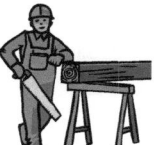

saer

kafinta

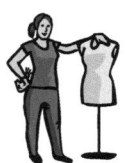

gwniadwraig

mace mai dinki

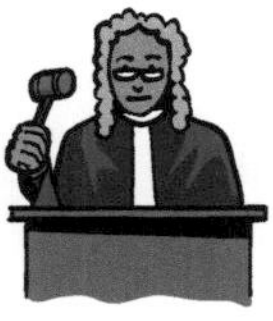

barnwr

alkali

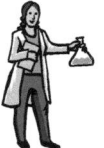

fferyllydd

mai hada magunguna

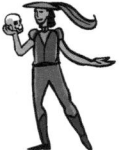

actor

jarumi

gyrrwr bws

direban bas

gyrrwr tacsi

direban tasi

pysgotwr

masunci

glanhawraig

mace mai shara

töwr

mai aikin rufi

gweinydd

sabis

heliwr

mafarauci

paentiwr

mai fenti

pobydd

mai yin burodi

trydanwr

mai gyaran lantarki

adeiladwr

magini

peiriannydd

injiniya

cigydd

mahauci

plymiwr

mai gyaran famfo

dyn y post

mai raba wasiku

milwr
soja

pensaer
mai zayyanar gidaje

ariannwr
mai biyan kudi

gwerthwr blodau
mai sayar da furanni

triniwr gwallt
mai gyaran gashi

archwiliwr tocynnau
rheilffordd
mai kida

mecanydd
bakanike

capten
kyaftin

deintydd
likitan hakori

gwyddonydd
masanin kimiyya

rabi
limamin yahudu

imam
liman

mynach
mai ibadar kirista

clerigwr
malamin addini

swyddi - sana'o'i

offer
kayan aiki

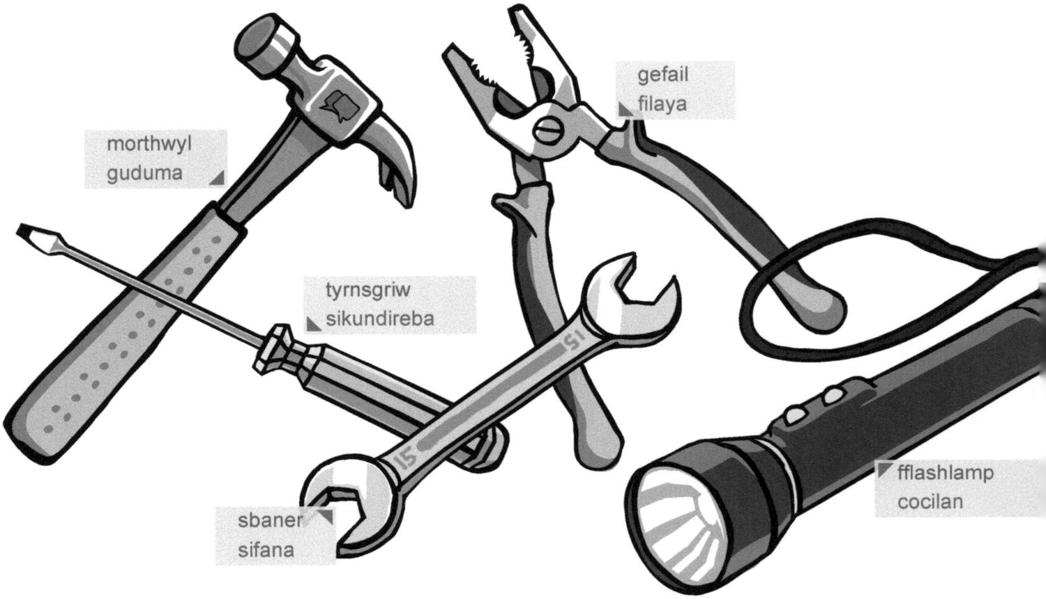

morthwyl
guduma
gefail
filaya
tyrnsgriw
sikundireba
sbaner
sifana
fflashlamp
cocilan

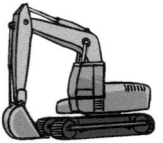

turiwr

diga

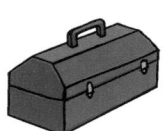

blwch offer

akwatin kayan aiki

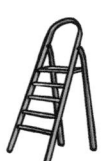

ysgol

tsani

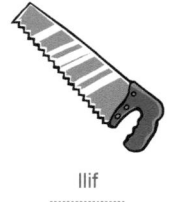

llif

zarto

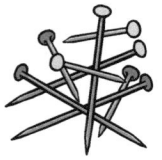

hoelion

kusoshi

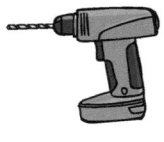

dril

abin hudawa

trwsio
....
gyara

rhaw
....
chebur

Daria!
....
Tafdi!

rhaw lwch
....
makwashin shara

pot paent
....
tukunyar fenti

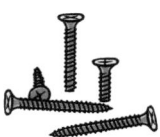

sgriwiau
....
kusoshi masu barima

offerynnau cerdd
kayan kida

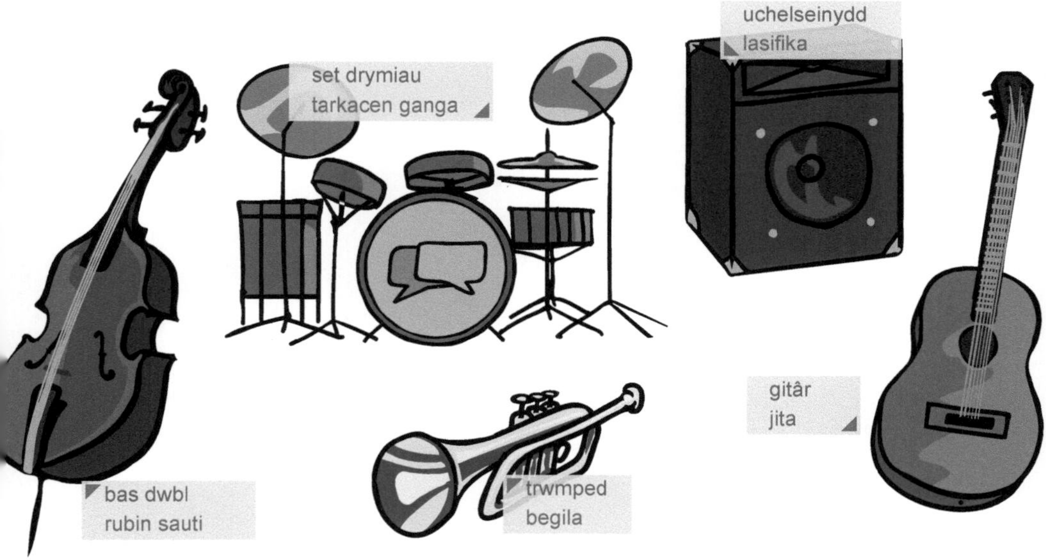

uchelseinydd
lasifika

set drymiau
tarkacen ganga

gitâr
jita

bas dwbl
rubin sauti

trwmped
begila

piano

fiyano

ffidil

goge

bas

karamin sauti

timpani

gangunan timpani

drymiau

ganguna

cyweirfwrdd

masarrafin fiyano

sacsoffon

saxophone

ffliwt

sarewa

meicroffon

makirfo

sŵ
gidan namun daji

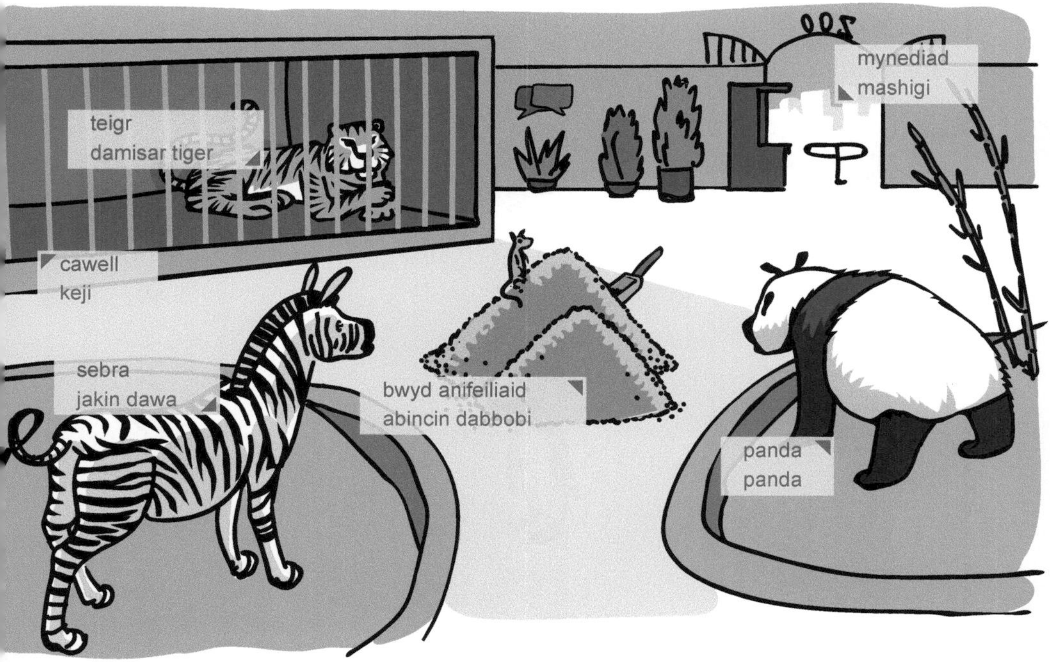
mynediad
mashigi
teigr
damisar tiger
cawell
keji
sebra
jakin dawa
bwyd anifeiliaid
abincin dabbobi
panda
panda

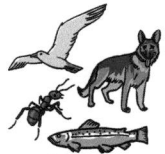

anifeiliaid

dabbobi

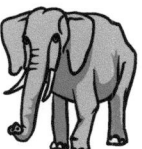

eliffant

giwa

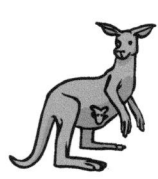

cangarŵ

babba-da-jaka

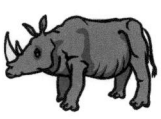

rhinoseros

karkanda

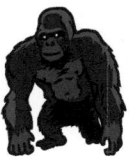

gorila

goggon biri

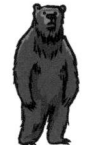

arth

dabbar bear

camel

rakumi

estrys

jimina

llew

zaki

mwnci

biri

fflamingo

dinya

parot

aku

arth wen

bear ta yankin kankara

pengwin

penguin

siarc

kifin shark

paun

dawisu

neidr

maciji

crocodeil

kada

gofalwr sŵ

mai tsaro zu

morlo

seal

jagwar

damisar jaguar

merlyn

dukushi

llewpard

damisar leopard

hipo

mugun dawa

jiráff

rakumin dawa

eryr

mikiya

baedd

aladen daji

pysgodyn

kifi

crwban

kunkuru

walrws

walrus

llwynog

dila

gafrewig

barewa

pêl-droed America
kwallon kafar Amurka

beicio
tseren keke

tennis
wasan tennis

pêl-fasged
kwallon kwando

nofio
ninkaya

bocsio
dambe

hoci iâ
kwallon gora na cikin ka

pêl-droed

kwallon kafa

badminton

badiminton

athletau

wasannin motsa jiki

pêl-law

kwallon hannu

sgïo

wasan kan kankara

polo

kwallon dawaki

gweithgareddau
harkoki

chwerthin
yi dariya
neidio
yi tsalle
cofleidio
rungumi
cerdded
yi tattaki
canu
rera waka
breuddwydio
mafarki
gweddïo
yi addu'a
cusanu
sumbaci

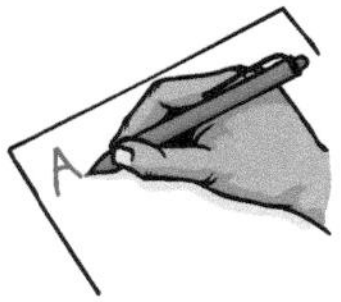

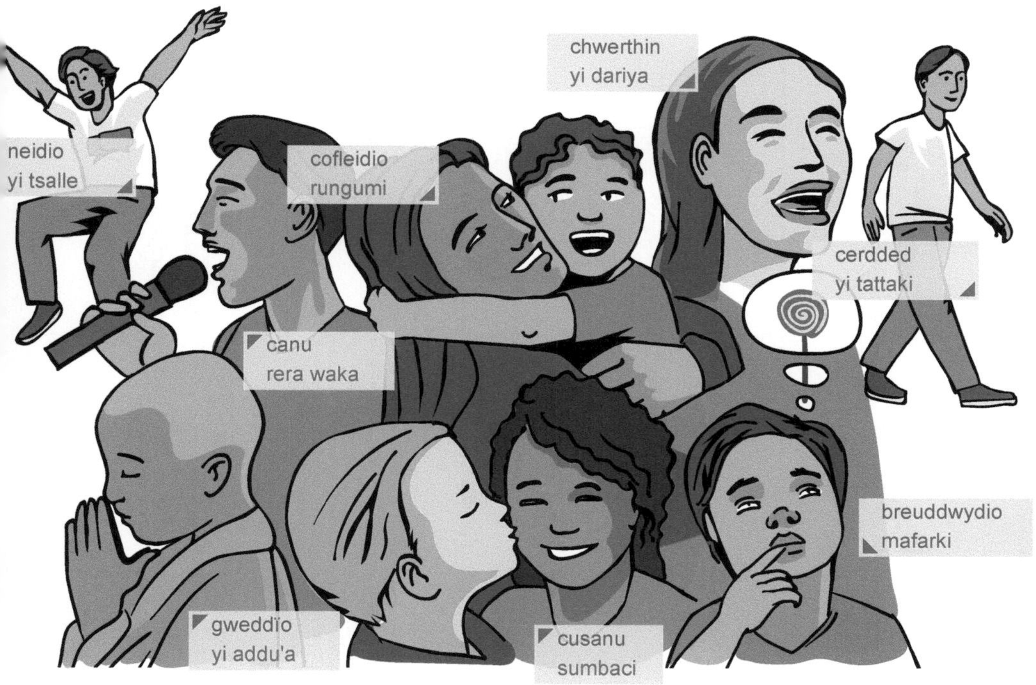

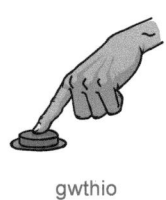

ysgrifennu
rubuta

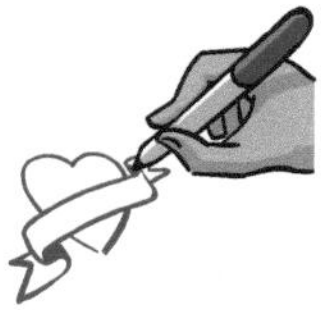

tynnu
zana

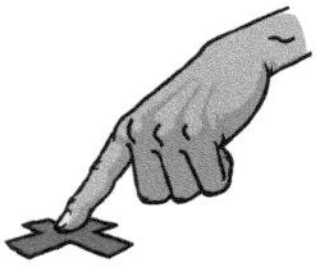

dangos
nuna

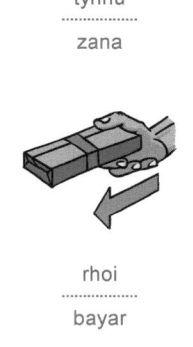

gwthio
tura

rhoi
bayar

cymryd
dauki

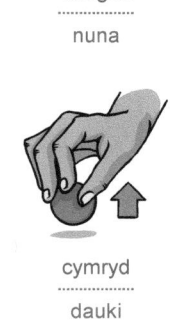

bod gan

sami

gwneud

yi

bod

kasance

sefyll

tsaya

rhedeg

gudu

tynnu

jawo

taflu

jefa

disgyn

faduwa

gorwedd

yi karya

aros

jira

cario

dauki

eistedd

zauna

gwisgo amdanoch

sanya tufafi

cysgu

yi barci

deffro

farka

edrych ar

kalli

crïo

kuka

anwesu

bugi

cribo

taje

siarad

yi magana

deall

fahimci

gofyn

tambayi

gwrando

saurari

yfed

sha

bwyta

ci

tacluso

tattare

caru

yi soyayya

coginio

dafa

gyrru

yi tuki

hedfan

tashi

hwylio

tafi a kwalekwale

cyfrifo

kwakuleta

darllen

karanta

dysgu

koyi

gweithio

yi aiki

priodi

yi aure

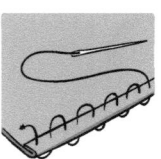

gwnïo

dinka

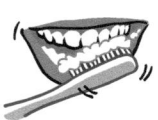

brwsio dannedd

goge hakora

lladd

kashe

ysmygu

busa taba

anfon

aika

nain
kaka mace

taid
kaka namiji

tad
uba

mam
uwa

baban
jariri

merch
ya

mab
da

gwestai

bako

modryb

gwaggo

ewythr

kawu

brawd

dan'uwa

chwaer

yar'uwa

corff

jiki

talcen
goshi
llygad
ido
ysgwydd
kafada
bys
yatsa
wyneb
fuska
gên
ha'ba
llaw
hannu
coes
kafa
bron
nono
braich
damtse

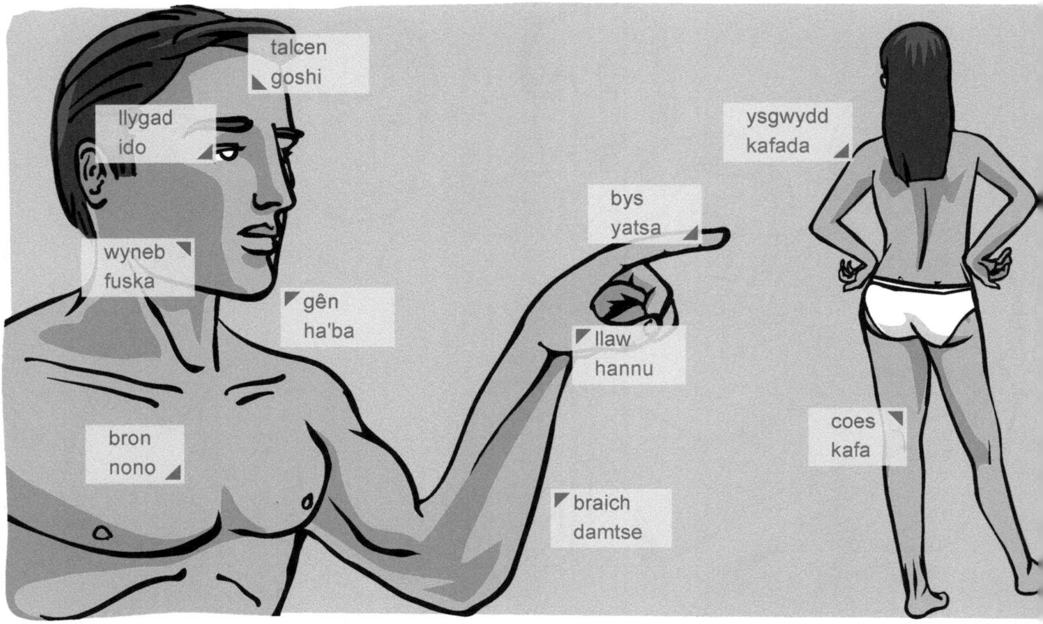

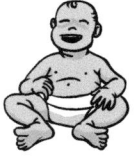

baban

jariri

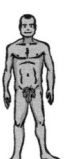

dyn

mutum

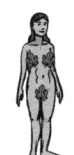

gwraig

mace

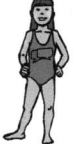

geneth

yarinya

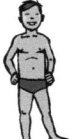

bachgen

yaro

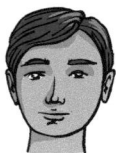

pen

kai

cefn
baya

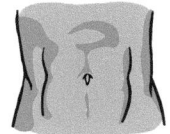

bel
tulun ciki

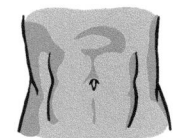

bogail
maballin ciki

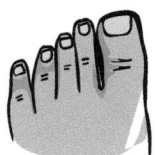

bys troed
yatsan kafa

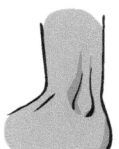

sawdl
dudduge

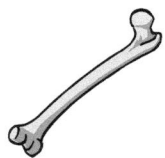

asgwrn
kashi

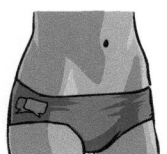

clun
kugu

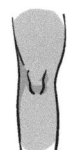

pen-glin
guiwa

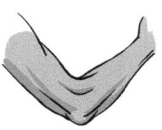

penelin
guiwar hannu

trwyn
hanci

pen ôl
kasa

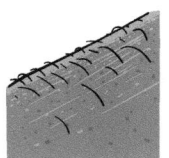

croen
fata

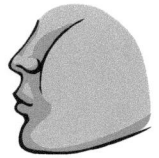

boch
kumatu

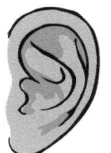

clust
kunne

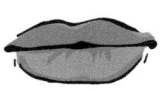

gwefus
lebe

corff - jiki

69

ceg

wata

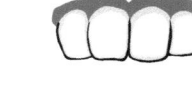

dant

hakori

tafod

harshe

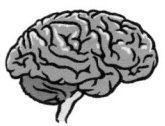

ymennydd

kwakwalwa

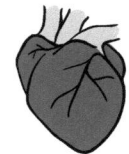

calon

zuciya

cyhyr

kwanji

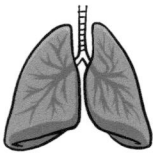

ysgyfaint

huhu

iau

hanta

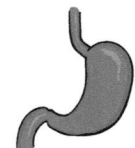

stumog

ciki

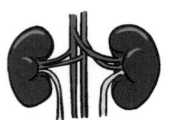

arennau

koda

rhyw

jima'i

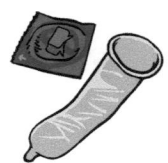

condom

kwaroron roba

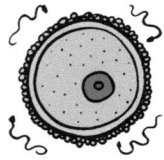

ofwm

kwan mahaifa

semen

maniyyi

beichiogrwydd

juna-biyu

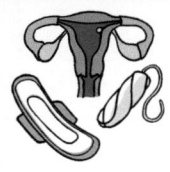

mislif
·················
haila

fagina
·················
farji

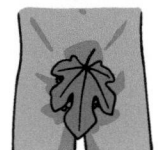

pidyn
·················
zakari

ael
·················
gira

gwallt
·················
gashi

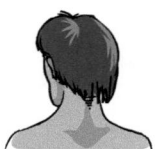

gwddf
·················
wuya

ysbyty
asibiti

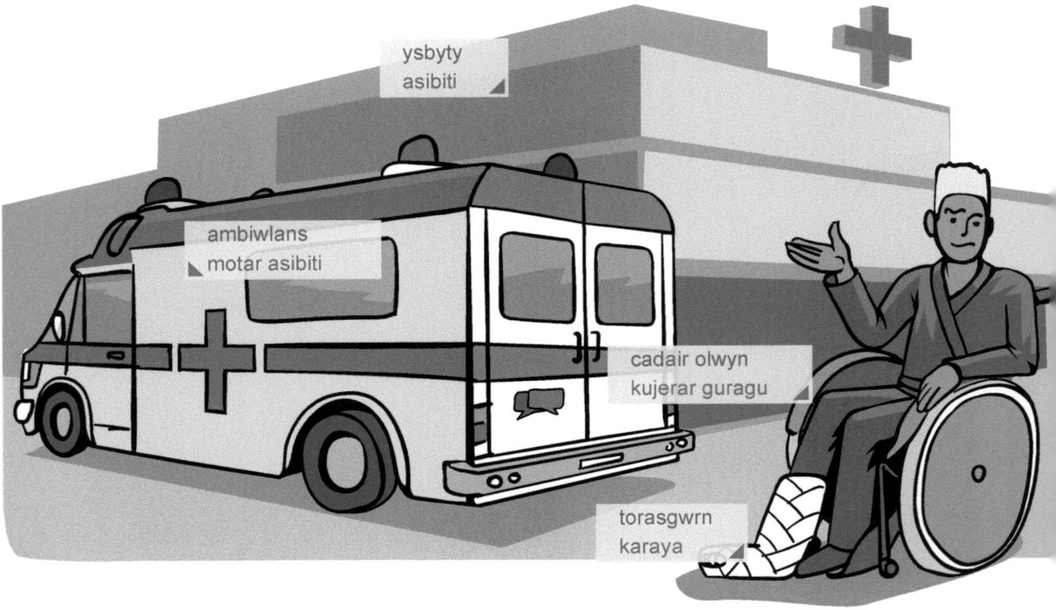

ysbyty
asibiti
ambiwlans
motar asibiti
cadair olwyn
kujerar guragu
torasgwrn
karaya

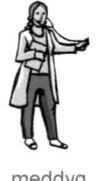

meddyg

likita

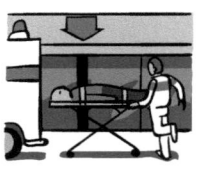

ystafell argyfwng

dakin kulawar gaggawa

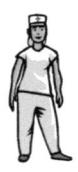

nyrs

ma'aikaciyar jinya

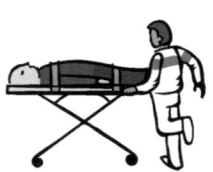

argyfwng

na gaggawa

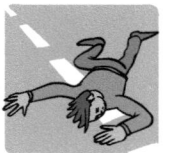

anymwybodol

magashiyyan

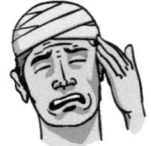

poen

radadi

anaf

rauni

gwaedu

zubar jini

trawiad ar y galon

bugun zuciya

strôc

bugun jini

alergedd

kyan-jiki

peswch

tari

twymyn

zazzabi

ffliw

mura

dolur rhydd

gudawa

cur pen

ciwon kai

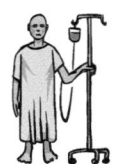

canser

cutar sankara

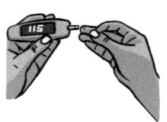

diabetes

ciwon suga

llawfeddyg

likitan tiyata

fflaim

wukar likita

gweithrediad

tiyata

ysbyty - asibiti

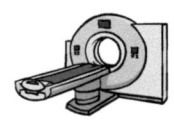

CT

CT

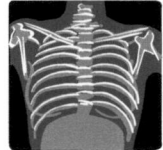

pelydr-x

hoton kirji

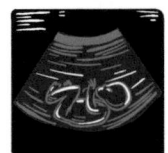

uwchsain

hoton ciki

mwgwd wyneb

marufin fuska

clefyd

cuta

ystafell aros

dakin jira

bagl

madogari

plastr

filasta

rhwymyn

bandeji

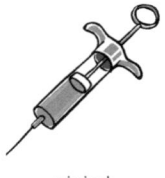

pigiad

allura

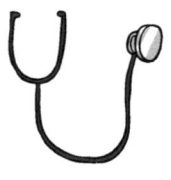

stethosgop

na'urar awon zuciya

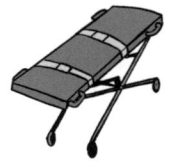

elorwely

gadon daukar marar lafiya

thermomedr clinigol

na'urar auna zafin jiki

genedigaeth

haihuwa

dros bwysau

yawan nauyi

cymorth clyw

abin kara ji

diheintydd

sinadarin kashe kwayoyin cuta

haint

kamuwar cuta

firws

kwayar cuta

HIV / AIDS

Cutar Kanjamau

meddygaeth

magani

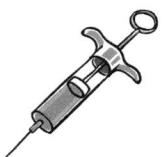

brechiad

riga-kafi

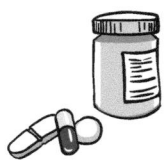

tabledi

kwayoyin magani

y bilsen

magani

galwad frys

kiran gaggawa

monitor pwysau gwaed

ma'aunin hawan jini

yn sâl / yn iach

cuta / lafiya

ysbyty - asibiti

75

Help!

Taimako!

larwm

kararrawa

ymosodiad

farmaki

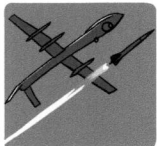

ymosodiad

hari

perygl

hatsari

allanfa argyfwng

kofar ko-takwana

Tân!

Wuta!

diffoddwr tân

abin kashe wuta

damwain

hadari

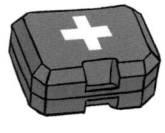

pecyn cymorth cyntaf

kayan taimakon gaggawa

SOS

Neman taimako

heddlu

dansanda

Ewrop

Turai

Gogledd America

Amurka ta Arewa

De America

Amurka ta Kudu

Affrica

Afirka

Asia

Asiya

Awstralia

Australia

Iwerydd

Atlantika

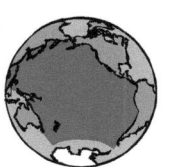

y Môr Tawel

Pacific

Cefnfor yr India

Tekun Indiya

Cefnfor yr Antarctig

Tekun Antatika

Cefnfor yr Arctig

Tekun Arctic

Pegwn y Gogledd

Barin duniya na Arewa

Pegwn y De

Barin duniya na Kudu

Antarctica

Antatika

y Ddaear

Kasa

tir

tsandauri

môr

kogi

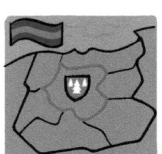

ynys

tsibiri

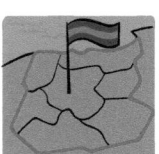

cenedl

kasa

gwladwriaeth

jiha

wyneb cloc

fuskar agogo

bys awr

hannun awa

bys munud

hannun mintuna

bys eiliad

hannun dakika

Faint o'r gloch yw hi?

Karfe nawa yanzu?

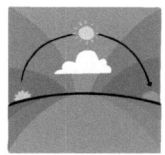

dydd

rana

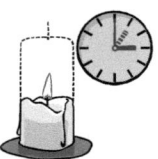

amser

lokaci

yn awr

yanzu

cloc digidol

agogon dijita

munud

minti

awr

awa

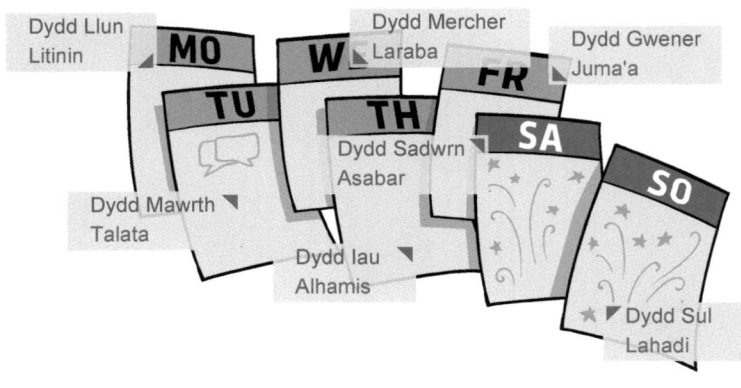

Dydd Llun / Litinin — MO
Dydd Mawrth / Talata — TU
Dydd Mercher / Laraba — WE
Dydd Iau / Alhamis — TH
Dydd Gwener / Juma'a — FR
Dydd Sadwrn / Asabar — SA
Dydd Sul / Lahadi — SO

ddoe

jiya

heddiw

yau

yfory

gobe

bore

safiya

canol dydd

tsakar rana

noswaith

yamma

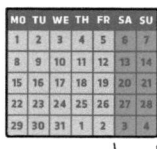

diwrnodiau busnes

ranakun kasuwanci

penwythnos

karshen mako

blwyddyn
shekara

glaw
ruwan sama
enfys
bakan-gizo
eira
dusar kankara
gwyn
iska
gwanwyn
damina
hydref
Kaka
haf
bazara
gaeaf
lokacin sanyi

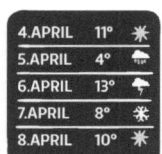

4.APRIL 11°
5.APRIL 4°
6.APRIL 13°
7.APRIL 8°
8.APRIL 10°

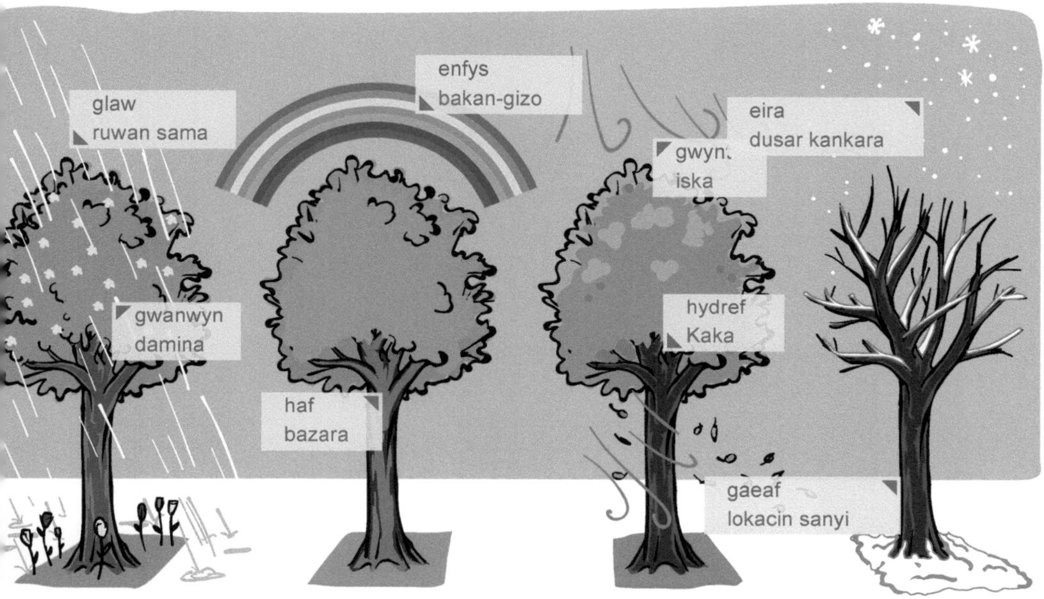

rhagolygon y tywydd
hasashen yanayi

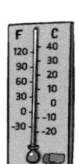

thermomedr
na'urar gwajin zafi da sanyi

heulwen
hasken rana

cwmwl
gajimare

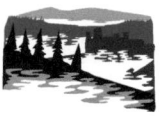

niwl tew
hazo

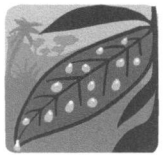

lleithder
dumi

mellt
walkiya

taranau
aradu

storm
guguwa

cenllysg
kankarar ruwan sama

monsŵn
iskar bazara

llif
ambaliyar ruwa

iâ
kankara

Ionawr
Janairu

Chwefror
Fabarairu

Mawrth
Maris

Ebrill
Afirilu

Mai
Mayu

Mehefin
Yuni

Gorffennaf
Yuli

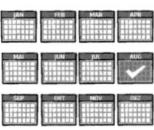

Awst
Agusta

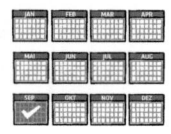

Medi
·················
Satumba

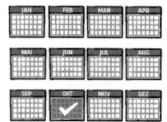

Hydref
·················
Oktoba

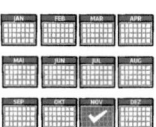

Tachwedd
·················
Nuwamba

Rhagfyr
·················
Disamba

siapiau
siffofi

cylch
·················
da'ira

sgwâr
·················
murabba'i

petryal
·················
kusurwa hudu

triongl
·················
kusurwa uku

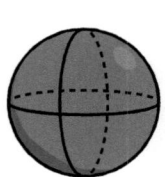

sffêr
·················
mulmulalle

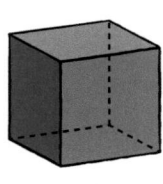

ciwb
·················
dunkule

gwyn

fari

melyn

rawaya

oren

ruwan lemo

pinc

ruwan shanshanbali

coch

ja

porffor

garura

glas

shudi

gwyrdd

kore

brown

ruwan kasa

llwyd

ruwan toka

du

baki

llawer / ychydig

da yawa / kadan

dig / tawel

fushi / nutsuwa

hardd / hyll

kyakkyawa / mummuna

dechrau / diwedd

farko / karshe

mawr / bach

babba / karami

llachar / tywyll

mai haske / mai duhu

brawd / chwaer

dan uwa / 'yar uwa

glân / budr

mai tsafta / kazami

gyflawn / anghyflawn

cikakke / maras cika

dydd / nos

rana / dare

farw / yn fyw

matacce / mai rai

eang / cul

mai fadi / matsattse

bwytadwy / anfwytadwy

na ci / ba na ci ba

drwg / caredig

mugu / mai tausayi

llawn cyffro / diflasu

mai karsashi / gajiyayye

tew / tenau

kakkaura / siriri

cyntaf / olaf

na farko / na karshe

cyfaill / gelyn

aboki / makiyi

llawn / gwag

cikakke / holoko

caled / meddal

mai tauri / mai laushi

trwm / ysgafn

mai nauyi / marar nauyi

wedi newynnu / yn sychedig

yunwa / kishin ruwa

yn sâl / yn iach

cuta / lafiya

anghyfreithlon / cyfreithiol

haramtacce / halastacce

deallus / twp

mai basira / dakiki

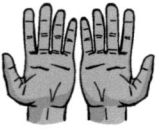

chwith / dde

hagu / dama

agos / pell

kusa / nesa

ewydd / wedi'i ddefnyddio

sabo / na-hannu

dim / rhywbeth

ba komai / wani abu

hen / ifanc

tsoho / yaro

ymlaen / i ffwrdd

kunna / kashe

ar agor / ar gau

a bude / a rufe

tawel / uchel

shiru / kara

cyfoethog / tlawd

mai arziki / talaka

cywir / anghywir

daidai / bata

garw / llyfn

mai kaushi / mai santsi

trist / hapus

bakin ciki / farin ciki

byr / hir

gajere / dogo

araf / cyflym

a sannu / da sauri

gwlyb / sych

jikakke / busasshe

cynnes / claear

dumi / sanyi

rhyfel / heddwch

yaki / zaman lafiya

0

sero

sifili

1

un

daya

2

dau

biyu

3

tri

uku

4

pedwar

hudu

5

pump

biyar

6

chwech

shida

7

saith

bakwai

8

wyth

takwas

9

naw

tara

10

deg

goma

11

un deg un

goma sha daya

12

un deg dau

goma sha biyu

13

un deg tri

goma sha uku

14

un deg pedwar

goma sha hudu

15

un deg pump

goma sha biyar

16

un deg chwech

goma sha shida

17

un deg saith

goma sha bakwai

18

un deg wyth

goma sha takwas

19

un deg naw

goma sha tara

20

dau ddeg

ashirin

100

cant

dari

1.000

mil

dubu

1.000.000

miliwn

miliyan

Saesneg

Turanci

Saesneg America

Turancin Amurka

Tsieinëeg Mandarin

Mandarin na China

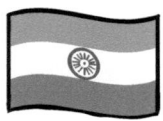

Hindi

Hindi

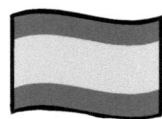

Sbaeneg

Sifaniyanci

Ffrangeg

Faransanci

Arabeg

Larabci

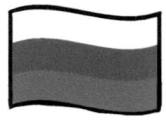

Rwseg

Yaren Rasha

Portiwgaleg

Yaren Portugal

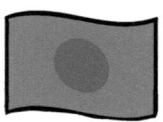

Bengali

Bengali

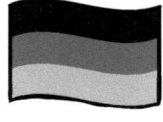

Almaeneg

Yaren Jamus

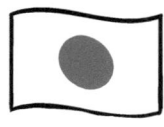

Siapanaeg

Yaren Japan

fi
ni

ti
kai

ef / hi
shi / ita / ita

ni
mu

chi
ku

nhw
su

pwy?
wa?

beth?
me?

sut?
ya ya?

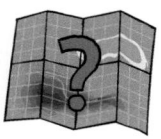

ble?
a ina?

pryd?
yaushe?

enw
suna

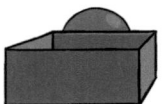

y tu ôl i
a baya

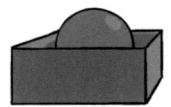

yn / yng / ym / mewn
a ciki

o flaen
a gaban

dros
saman

ar
akai

dan
karkashi

wrth ochr
a gefe

rhwng
a tsakani

lle
wuri